TRIBOLOGÍA:
CIENCIA SUSTENTABLE

Alexis Lopez

DEDICATORIA

A Dios todo poderoso por   bridarme la sabiduría, a todo el apoyo de mi esposa e hijos por brindarme el espacio y su sacrificio.

CONTENIDO

AGRADECIMIENTOS

A la institución que me voy crecer profesionalmente y a cada uno de los profesores que aportaron un conocimiento intangible y la ética necesaria para equilibrar sustentabilidad, seguridad y productividad.

INTRODUCCIÓN

La búsqueda de nuevas soluciones socio-técnicas, en una sociedad compleja donde algunos cambios son constantes, automatizaciones, demandas aceleradas, alta exigencias en calidad en el menor tiempo posible, en un planteamiento cuya producción técnica está enfocados en un ahorro sustancial comercial en desequilibrio con bienestar social en nuestro planeta, se hacen evidente la necesidad de innovar en tecnologías de mantenimientos como modelo de desarrollo endógeno, equitativo, sustentable, ecológico, solidario y distributivo en favor de la humanidad.

Las exigencias tecnológicas, en un mundo donde se hace cada día más dependiente de los recursos energéticos presente en la oferta global, han dado soluciones donde la creatividad y el deseo de ofrecer nuevos modelos de mejoría, conservación de tecnologías y transferencia de conocimientos indiscutiblemente han avanzado. Una de estas ideas nacientes es el estudio de La tribología en cuanto a la Reducción en consumo de energía y ahorro en el mantenimiento industrial, ayudando a la conservación de los preciados recursos naturales.

En este orden de ideas la globalización, en su buen sentido y debida aplicación, juega un papel Importante en el desarrollo de nuestras sociedades Latinoamericanas en economía, cultura, ciencia, académico, entre otras cosas. Es claro que el desarrollo no solo va al crecimiento de producción como forma de renta económica, sino que debe quedar representada en la Intangibilidad de las sociedades. Y será ese conocimiento el que permanecerá como patrimonio innegable en nuestras generaciones.

La relación entre la ciencia, tecnología y desarrollo siempre resulta compleja y más aún cuando se analiza en torno a las condiciones de los países en vías de desarrollo, en donde la ciencia la tecnología no adquieren la importancia merecida en cuanto al apoyo económico se refiere tanto de la industria privada como las instituciones gubernamentales, dejando claro que estas dos grandes vertientes son beneficiados directamente en los Beneficios que ofrece la Tribología de las maquinas.

Entonces, siendo Venezuela un país dependiente del petróleo y con reservas Probadas mineras, no busca la solución en ahorro e innovación que coloquen en el mercado soluciones a las industriales metalmecánicas y energéticas, que direcciona en un crecimiento acelerado en su PIB, toca entonces demostrar que la tribología de las maquinas es una idea productiva sustentable.

En fin, la idea es de asociar la tecnología verde a la ciencia, tecnología e innovación para que desde el pensamiento, el diseño, la producción y hasta los consumidores se generen soluciones, productos y beneficios sin consecuencias desagradables a nuestra tierra, por supuesto, a la naturaleza, la salud de nuestra sociedad y nosotros mismos.

1. HISTORIA DE LA TRIBOLOGÍA

La técnica de lubricación y los lubricantes con el paso del tiempo

Los procesos de fricción y desgaste han jugado un papel fundamental desde el origen de la Tierra. De este modo, el mecanismo de articulaciones de los vertebrados o la capa de mucosidad de los peces son ejemplos de un sistema tribológico perfecto, creado a lo largo de la evolución.

La búsqueda del ser humano en pos de lubricantes efectivos es muy diversa y tan antigua como la propia historia de la humanidad. Los chinos, en el 3500 a.C., aprovechaban el efecto lubricante del agua. Los egipcios, en el 1400 a.C., utilizaban grasas animales o aceite de oliva mezclado con cal en polvo para sus carros de guerra. En el 780 a.C., los chinos descubrieron las propiedades reductoras de fricción de una mezcla de aceites vegetales y plomo, y hace más de 100 años se supo por primera vez de la idoneidad del aire como lubricante.

En los últimos siglos, la necesidad de aceites lubricantes ha aumentado de manera drástica, Para garantizar una lubricación segura, se utilizaban cada vez más lubricantes sintéticos que, por su parte, están fabricados principalmente con petróleo, pero a través de una síntesis química. Los aceites lubricantes sintéticos se caracterizan por su elevada estabilidad térmica, su bajo coeficiente de rozamiento, su buena humectabilidad metálica, su reducida volatilidad, su miscibilidad en agua y son altamente inflamables. Las grasas lubricantes son parientes cercanos de los aceites lubricantes, Para muchos puntos de lubricación se utiliza la grasa en lugar del aceite, ya que el aceite se derramaría. Las grasas son aceites pesados. Como espesante se utilizan, por ejemplo, el litio, calcio o el aluminio, o espesantes inorgánicos (la bentonita). El campo de aplicación de los lubricantes es muy importante, ya que, sin lubricación, las fricciones desgastarían con mayor facilidad los materiales generando mayor consumo de energía e ineficiencia en el trabajo, por ende, mayor gasto económico y mayor sacrificio para el planeta por la explotación irracional de nuestros recursos naturales.

FUNDAMENTOS DE LA TRIBOLOGÍA

La Tribología se centra en el estudio de tres fenómenos; la fricción entre dos cuerpos en movimiento, el desgaste como efecto natural de este fenómeno y la lubricación como un medio para evitar el desgaste.

ASPECTOS DE LA FRICCIÓN

La fricción es la resistencia u oposición entre dos cuerpos en movimiento que se encuentran en contacto. Es decir, la fuerza tangencial resistiva que se crea cuando la fricción no depende del material.

Matemáticamente esto se representa como (Castillo, 2007):

$F=\mu W$ Ec. 1.1

Donde:

F es la fuerza de fricción,

W es la fuerza normal sobre el contacto y

μ es una constante también conocida como coeficiente de fricción.

Existen dos tipos de rozamiento o fricción, la fuerza de fricción estática y la fuerza de fricción dinámica o cinética.

ASPECTOS DEL DESGASTE

El desgate es la perdida de material de la interface de dos cuerpos en movimiento relativo bajo la acción de cierta fuerza aplicada. Cual el desgaste es ocasionado por una cierta fuerza de fricción en movimiento entre dos cuerpos en contactó.

Existen varios tipos de desgastes (Castillo, 2007):
Desgaste por adherencia.
Desgaste por abrasión.
Desgaste por ludimiento.
Desgaste por fatiga.
Desgaste por erosión.
Desgaste corrosivo.

ASPECTOS DE LA LUBRICACIÓN

Es el proceso o técnica empleada para reducir el rozamiento entre dos superficies en movimiento una con respecto a otra, para evitar el menor rozamiento entre las superficies en contacto para que no produzcan desgaste, y a su vez el cuerpo o la superficie dure más tiempo de lo esperado.

La lubricación tiene como objetivo la reducción, el desgate y el calentamiento de las superficies en contacto cuando se encuentran en movimiento relativo.

Se pueden diferir tres tipos de lubricación:
Lubricación hidrodinámica
Lubricación límite o de contorno
Lubricación hidrostática

2. IMPORTANCIA DE LA TRIBOLOGÍA EN EL AHORRO ENERGÉTICO.

Es necesario tomar en cuenta la definición de desarrollo sustentable, para establecer relaciones directas en la importancia de la tribología en el movimiento ecológico de las últimas generaciones, un concepto muy cabal, es el que realizo el economista Alfredo Sfeir en el año 2001 "El desarrollo sustentable no es un concepto, es una forma de vida, no es un debate sobre el ambiente sino sobre transformaciones humanas y proceso a largo plazo". No se trata de entender el mundo, se trata de nuestra evolución.

El concepto de Tribología fue usado por primera vez por Peter Jost (marzo, 1966), en un informe elaborado para una Comisión del Ministerio de Educación y Ciencia de la Gran Bretaña en 9 de marzo de 1966, por lo que está fecha se conoce como la del nacimiento de la Tribología como una nueva ciencia científica sustentable. Ya en ese informe se señalaba el carácter Multidisciplinario de esta ciencia. Por tanto, a la Tribología comenzó a reconocerse como fuente de un gran potencial para economizar recursos financieros, materias primas y materiales energéticos, de aquí su gran importancia, haciéndose efectiva por muchos países la estimulación de las investigaciones en la fricción, la lubricación y el desgaste. En la industria de construcción de maquinaria se estima que, entre el desgaste y la fatiga se produce el 90 % de las causas de salida de servicio de los elementos de máquinas, no considerando aquí, aquellos que estando desgastados continúan trabajando y son causa de pérdida de eficiencia en mecanismos y máquinas. En toda industria existen elementos en movimiento (Pares de fricción) donde la fricción y el desgaste están presentes. Solo esos datos bastarían para comprender la importancia de esta ciencia.

Debido a la gran variedad técnica y económica de un proceso o producto, pueden ser determinados por desgaste, el conocimiento tribológico puede ayudar a reforzar la competencia de las industrias manufactureras, mineras, petroleras entre otras, ya que minimizan la energía y los recursos que consumen.

El Comité de Investigación sobre Lubricación del ASME (American Society of Mechanical Engineers. 1880) ha estudiado la tribología y su papel en la conservación de energía. Concluyó que el 5,5% del consumo de energía de EE.UU es usado en los metales primarios y en la industria de procesamiento de metales es 0.5%.

La remoción de metal puede ser ahorrado a través de avances tribológicos, en proceso de formación, alcanzando a través de gastos relativamente modestos en la investigación y esfuerzos y de que un 1,3% adicional puede ser ahorrado por ir eliminando el desgaste de sellos, chumaceras, entre otras piezas. Los ahorros combinados de energía pueden llegar a ser el 1,8 % del consumo de energía de Estados Unidos totalizado a casi $ 21.5 Billones por años (www.noria.com/publishing).

Las estimaciones económicas también ha sido proporcionados por el Departamento de Energía de EE.UU, que ha comisionado estudios en la conservación de la energía a través de la tribología, Uno de estos estudios estimo que las maquinas trabajando con metal tienen una pérdida total por fricción de 20 trillones Btu/año, del cual casi 9% pueden ser ahorrado, usando técnicas de modificaciones de superficies, existentes y de que la perdida por desgaste en cantidades del metal trabajando a casi 7.7 Trillones Btu/año (Usando un valor de 19 millones Btu/ton como la energía incorporado al acero) el departamento de energía de EE.UU estima que casi 70% podría ser ahorrado, usando las técnicas de modificación de superficies como los tratamientos con rayos láser y de neutrones, implantación de iones o deposición de revestimiento.

El ahorro nacional, combinado a través de la tribología fueron estimados a un 25% de la energía total consumida por maquinas trabajando con metal esto es un ahorro de energía de 4.8 millones de barriles de petróleo al año, sin embargo, esto no incluye los costos asociados con ahorro de tiempo, mayores necesidades de capital debido a una más baja productividad, pero en tema de conservación de ambiente esto quedaría en segundo plano.

Otro estudio estimo que la industria de la minería pierde 11 Trillones Btu/año en fricción y 50 trillones de brutos por año en desgaste, para los metales primarios y el ahorro estimado fueron de 12 y 15 Billones Btu/año respectivamente.

Los aspectos económicos y beneficios pasibles que vienen de una correcta aplicación del conocimiento del fenómenos y procesos tribológicos, son indiscutibles, los ahorros posibles con evidentes y pueden ser en dos áreas;
      1.- Ahorros de materiales con resistencia más alta al desgaste.
      2.- Ahorros de energía por disminución de fricción en las maquinas.
Estos son los costos directos, pero los costos indirectos bajan proporcionalmente por ejemplo en costos de mantenimiento, durabilidad del equipo, y herramientas aumento de la calidad, preservación del ambiente.

También los países con tecnologías avanzadas en los años setenta (1970), analizaron los posibles benefícios de la aplicación de la tribología. Los resultados fueron los siguientes; República de Alemania 6,250 millones de Marcos alemanes por año. USA 100 millones de Dólares. Inglaterra 19 millones de libras esterlinas en ahorro de energía. (Zygmyt, H. 1993. Congreso Iberoamericano de Ingeniería Mecánica, pp. 303-304).

Estos ahorros se pueden alcanzar por un mantenimiento reducido, evitar fallas, aumentar la vida útil del producto, consumo más bajo de la energía y una eficiencia mejorada. El asunto clave seria, en la realización de esos beneficios, no solamente en la investigación básica, sino la transferencia de este conocimiento a la comunidad del usuario, esto es los diseñadores de los sistemas mecánicos.

Los comités de países europeos han logrado establecer siete áreas que se ven beneficiadas con ahorros sustanciales al aplicar investigaciones tribológicas;
Reducción en el Consumo de energía.
Reducción en la mano de Obra.
Ahorro en el costo de lubricantes.
Ahorro en el costo de mantenimiento.
Ahorros en el costo de refracciones.
Ahorros por una disminución en descomposturas de equipos.
Ahorros por el aumento de la eficiencia de las máquinas y por el aumento en la vida útil.
Todos estos ahorros se dan, determinando las características tribológicas de elementos que se determinan mediante maquinas diseñadas para conocer estas características.

Parece improbable que países energéticos no hagan inversión considerable en crear o diseñar este tipo de innovaciones ya que serían los pioneros en la venta de soluciones relevantes en cuanto a consumo de energía y reducción de materia prima de clase mundial.

3. TRIBOLOGÍA EN EL AHORRO ENERGÉTICO MUNDIAL

Un país muy activo en el desarrollo tribológico ha sido Canadá (Martinez, F. 2003). Se creó en 1984 un grupo tribológico por el comité nacional científico canadiense. Este grupo estudio las perdidas por concepción tribológicos y valoro estas pérdidas desde el punto de vista económicas, los resultados obtenidos ascienden a la suma de 14 MMUSD por desgaste y 1.2 MMUSD por fricción. Con miras al futuro estimo una inversión inicial de 0.01% de su capital total para dichas investigaciones y lograr un ahorro del 25 %. Esto se podría traducir en un ahorro de $5 mil millones anualmente, poniendo un poco de atención a los problemas relacionados con la fricción, el desgaste y la lubricación.

En la siguiente Grafico 1 se puede mostrar algunas industrias con pérdidas de energías y costos de mantenimiento causados por la fricción y el desgaste:

Gráfico 1 Total de pérdidas anuales de energía y costo de mantenimiento causado por la fricción y el desgaste.

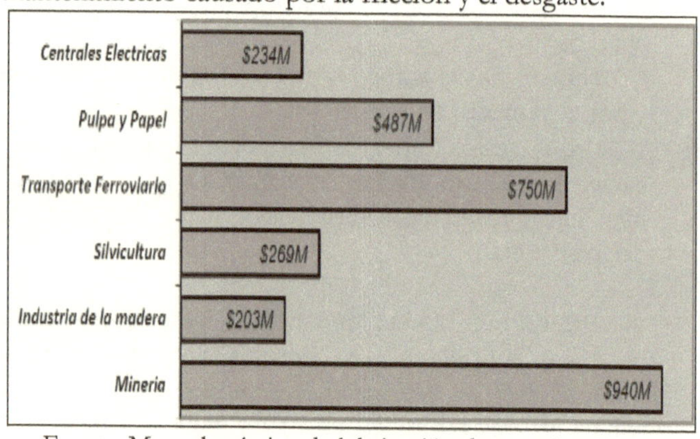

Fuente: Manual práctico de lubricación de maquinaria. Publicación de Corporación Noria ,2000.

Una de las conclusiones más interesantes de este estudio, es que se puede ahorrar en casi todas las áreas mediante la tecnología existente.

Estos ahorros pueden ser posibles por medio de la mejora de las prácticas de lubricación, zonas de almacenamiento de limpieza del petróleo, la racionalización de los grados de viscosidad y la mejora de filtración y sistemas de circulación. Todos son posibles por medio de la tecnología existente y/o los productos disponibles.

Por otro lado, en los estudios también se encontró que las pérdidas debidas a la fricción y al desgaste ocurren porque muchas personas están involucradas en el diseño, especificación, operación y mantenimiento de los equipos inconsistentes por ignorar las actuales técnicas tribológicas.

Gráfico 2. Pérdidas Canadienses Tribológicas

Resumen de perdidas Canadienses Tribologicas por industrias estudiadas			
	Perdidas por friccion ($M)	Perdidas por desgaste ($M)	Total ($M)
Agricultura	321	940	1,261
Centrales Elestricas	54	189	243
Silvicultura	111	158	269
Mineria	211	728	939
Pulpa y Papel	105	382	487
Transporte Ferroviario	284	467	751
Camiones y autobuses	126	860	986
Industria de la madera	14	189	203
Total	1,226	3,913	5,139

Fuente: Manual práctico de lubricación de maquinaria. Publicación de Corporación Noria. 2000.

El estudio indica varias áreas en las que se recomienda más investigación y desarrollo en las industrias que utilizan maquinaria pesada y maquinaria de la planta.

Desarrollo de materiales de fricción para frenos mejorados.

Desarrollo de los sellos del tambor de freno para reducir al mínimo el efecto de las condiciones abrasivas.

Material y desarrollo de diseño para la mejora de los neumáticos.

Desarrollo de materiales más económicos resistentes a la abrasión y revestimientos para reducir la fricción y el desgaste en las superficies metálicas.

Desarrollo de la aplicación del lubricante sólido.

En la Grafico 3 se muestra los posibles ahorros anuales totales si se aplican las recomendaciones.

Gráfico 3 Posibles ahorros anuales

Reducción del consumo de energía mediante la reducción de la fricción.	$265M
Reducción de la mano de obra (al reducir la necesidad de responder a las fallas catastróficas)	$56M
Ahorro en las pruebas de lubricantes (después de fallas que allán ocurrido).	$50M
Ahorro en mantenimiento innecesario y costos de reemplazo.	$2,654M
Inversión debido a las tasas de utilización más altos y una mayor eficiencia de ahorro.	$289M
Ahorros de inversión a través de la vida de la maquinaria prolongada y una mayor fiabilidad.	$1,444M
	Total $4,758M

Fuente: Manual práctico de lubricación de maquinaria.
Publicación de Corporación Noria. 2000.

Dr. Ernest Rabinowicz, un tribologista de la Massachusetts Institute of Technology (MIT), en 1983 realizó un estudio similar que llego a la conclusión de que las pérdidas totales tribológicas en los EE.UU. se estima en $194 mil millones.

Rabinowicz, (1983) clasifico las pérdidas en los EE.UU. por el tipo de mecanismos que afectan o causan las perdidas.

Los datos se muestran en la siguiente tabla.

Gráfico 4 Resumen de Pérdidas Tribológicas en los Estados Unidos

Mecanismo	Pérdidas (US $ B)
Fricción	17
Desgaste	170
Lubricación	3.4
Contactos Eléctricos	3.5
Adhesión	.05
Electricidad por fricción	.05
Total de perdidas tribológicas	**194**

Fuente: Manual práctico de lubricación de maquinaria.
Publicación de Corporación Noria.2000.

Un gran trabajo en la tribología se ha desarrollado en las repúblicas Checa y Eslovaquia, esta última organizo en 1984 cursos para industriales en su universidad de Bratislava, En el mismo año se tomó la decisión de organizar un centro tribológico para consultoría y el desarrollo de investigaciones en materiales para procesos metalúrgicos, lubricantes, construcción de sistemas tribológicos y diagnostico entre otras cosas.

En Finlandia se publica una revista sobre temas tribológicos en este país. En 1984 se desarrolló la conferencia internacional "Novotrib 84" con grandes éxitos.

En España se formó un grupo especial en tribológica que brinda un boletín informativo con vistas a generalizar los conocimientos en esta ciencia, Donde la Universidad de Castilla la mancha juega un papel importante.

Un cuantioso trabajo en tribología se ha desarrollado en la república popular de china. Se creó un centro tribológico de la sociedad de Ingenieros mecánicos, el cual es miembro del consejo mundial Tribológico, y se publican 2 revistas tribológicas. Se ha destinado cuantiosos recursos a la investigación en esta ciencia (Lubricación, Hidromecánica, desgaste, fricción, materiales y cojinetes de deslizamientos y rodadura entre otros temas).

En 1987 se desarrolló en Pekín, China una conferencia internacional bajo el nombre "Tribología y sus posibilidades potenciales".

En la última década se han desarrollo una gran cantidad de investigaciones tribológicas en Japón y en especial, por el comité tribológico de la sociedad japonesa de construcción de Maquinarias, en conjunto con el Ministerio de Comercio e Industrias.

En Polonia, el desarrollo y estudio de la tribología tiene un gran nivel. Existen grupos muy fuertes y con notables resultados.

La antigua Unión Soviética, sin duda, fue uno de los más grandes desarrolladores teóricos y, en técnicas experimentales y en aplicaciones tribológicas. El aporte de los científicos soviéticos a la tribología fue colosal hasta los mediados de los años o década de 1970.

De lo anterior, podemos rescatar la importancia que tiene los aspectos relacionados con la tribología, desde su ámbito económico y energético.

Muchos de los seres humanos en la actualidad han ignorado los problemas que conciben la fricción y el desgaste en las maquinas. Puesto que al no atender estos inconvenientes se generan consecuencias y gastos económicos en las reparaciones de las piezas dañadas, además de los cambios que se realizan en todo el sistema.

En este sentido algunos países han entendido que podemos evitar mal uso de energía, haciendo un uso adecuado y consciente de la tecnología existente en nuestros días. Las cifras son concluyentes, los países con altos niveles de desarrollo también registran elevados niveles de gasto en investigación y desarrollo tecnológico. El reto, entonces, se relaciona con la búsqueda de formas posibles y realistas para mejorar la situación en nuestros países. Ver Gráfico 5.

Gráfico 5 Países Activos en Investigación y desarrollo.

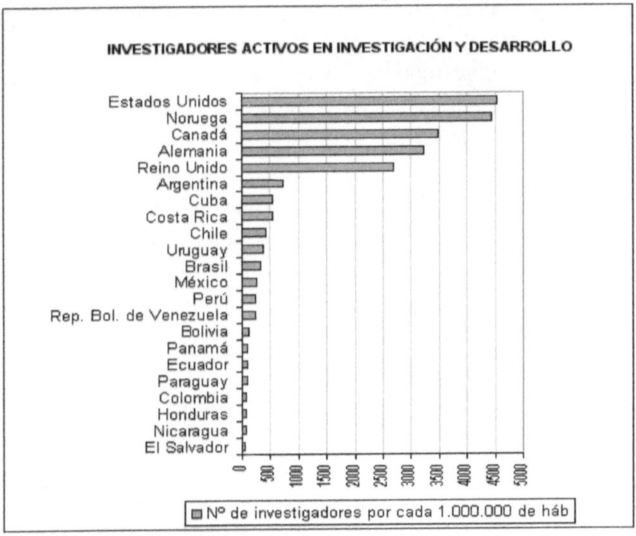

Fuente ONU, Op. Cit. pp 290-293, 2013.

4. TRIBOLOGÍA EN EL AHORRO ENERGÉTICO LATINOAMERICANO.

En esta parte descubriremos que desafortunadamente en Latinoamérica, no han dedicado el tiempo suficiente, por diversos factores, o la atención que se merece el desarrollo de esta tecnología, salvo algunos casos puntuales.

Suramérica, debería ser la región que invirtiera más a la investigación, y desarrollo de esta tecnología, ya que es una región petrolera y minera por excelencia, esta condición debe tomarse como incentivo para crear nuevas soluciones energéticas y ambientales con carácter mundial.

En la investigación encontramos que en cuba a partir de la década de los años ha habido un modesto desarrollo en la tribología. Esta disciplina ha sido incorporada a la carrera del Ingeniero mecánico y forma parte del posgrado en las maestrías de mantenimiento y proceso de manufactura. Los temas fundamentales de investigación han sido el desgaste abrasivo e hidroabrasivo, así como el desgaste en la industria azucarera y de la construcción.

Se ha publicado literatura científica, incluyendo libros de texto y norma. En el centro de investigación metalúrgica se desarrolla equipamientos para ensayos tribológicos, según normas internacionales, se comienza a estudiar problemas de modelación de fenómenos y mecanismo tribológicos, y aplicar esta ciencia a la recuperación de piezas de repuesto, en la que, los recubrimientos y tratamientos superficiales juega un papel fundamental.

México ha jugado un papel supremamente importante en el desarrollo de sistemas tribológicos, como investigación y aplicación de diversos sistemas, a pesar que para el año 1995, solo invierta el 0.34 % de sus PIB, (Informe de OECD

1995). Pero entendiendo que no podían depender de importaciones de Tecnologías, en cuanto a Manufactura y metalmecánica se refiere.

En Bolivia han entendido la importancia de Tribología y desde el año 2003 Ernesto Vargas ha propuesto crear el Centro Boliviano de tribología," para aglutinar en su seno a personas e instituciones comprometidas con el desarrollo nacional e inducir a la Universidad Boliviana estatal y privada y a los Centros de educación superior no universitaria la introducción de esta ciencia en las carreras de formación técnica como asignatura obligatoria en la educación pre graduada, no sólo para estudiantes que van ser tribólogos, sino como una disciplina básica de su formación. Esto garantizaría no solamente el desarrollo de esta ciencia, sino también incrementaría los resultados que de ella se espera.

En las últimas décadas casi todos los países latinoamericanos ya han escrito sus propios planes de inversión en Desarrollo de ciencia y tecnología: Colombia, Política Nacional de Ciencia y Tecnología; Perú, Plan Nacional Estratégico de Ciencia, Tecnología e Innovación para la Competitividad y el Desarrollo Humano; Costa Rica, Programa Nacional de Ciencia y Tecnología. Sin embargo, los criterios locales aún no se alinean con los intereses de la región.

De esta forma América Latina recupera en 2012 el título de la región que crece más rápido (Ver gráfico 5), ganándole la partida a Asia-Pacífico, con un volumen de negocio total de 1.943$ millones que representa un 5% del mercado global (Informe de la CEPAL 2013-2016). Brasil sube hasta el séptimo escalón del top 10 de grandes mercados de investigación (+11,1%). Durante 2012 el país vio impulsado su negocio gracias a las encuestas políticas y a la investigación en torno a los Juegos Olímpicos (2016) y a la

Copa Mundial de Futbol (2014). En buena posición también nos encontramos a Argentina que obtuvo un crecimiento del 11,1%. En términos generales, 13 de los 18 mercados de la región han visto aumentar su volumen de negocio (Ver Gráfico 7), principalmente gracias a la capacidad de atraer inversión extranjera de países con una economía estable como Ecuador, Perú y Nicaragua. Por otro lado, México y Venezuela siguen con la progresión de los últimos años, mientras que los pequeños mercados de Guatemala, El Salvador y Paraguay han experimentado años difíciles con presupuestos de investigación recortados.

Gráfico 6 Crecimiento por región.

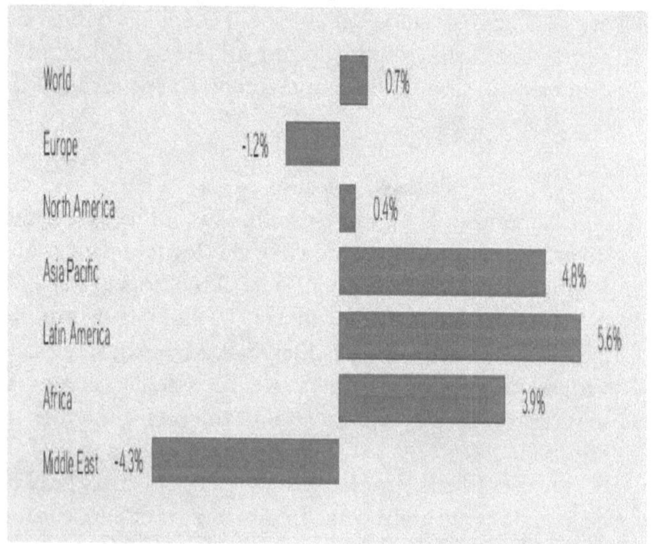

Fuente: http://www.netquest.com Ruth Alonso 2012

Gráfico 7 Países más Productivos.

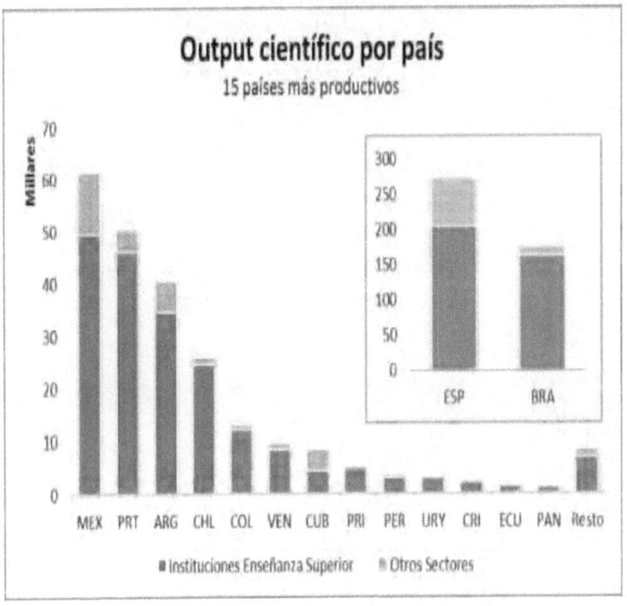

Fuente: Output científico de países de Iberoamérica según el informe de Scimago 2011

En enfoque suramericano, Se debe preferir invertir en disciplinas que incidan específicamente en la calidad de vida de mañana y en las aspiraciones de desarrollo, Tomando en cuenta el Bienestar de la sociedad por encima del Beneficio monetario, que sin duda alguna existirá, como lo hemos vistos. Lo anterior implica, por cierto, iniciar un plan de gastos desde el presente, haciendo frente paulatina y crecientemente al cumplimiento de las metas, enmarcadas en un Plan Nacional de Ciencia y Tecnología para el Desarrollo para las primeras tres décadas del siglo, en el caso de los estados, y de un Plan de Objetivos Comunes en Ciencia y Tecnología para América Latina. En este último caso se deben agotar esfuerzos en integración y cooperación que permitan articular organismos comunitarios, en el mismo horizonte de tiempo. Para tal fin se debe aumentar el compromiso en la Investigación con relación al PIB, en la región, ya que hoy día no están equilibradas estas metas. (Ver Gráfico 8)

Gráfico 8 Compromiso de los estados en la investigación y desarrollo en ciencia y tecnología

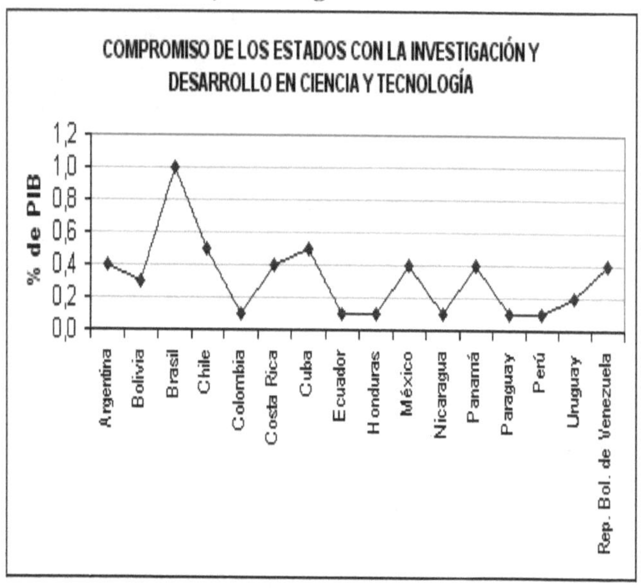

Fuente: http://www.eumed.net

HACIA UNA TRIBOLOGÍA PRODUCTIVA

Desafortunadamente la mayoría de las empresas industriales aún siguen empeñadas en llevar a cabo sus programas de lubricación de manera sistemática y no proactiva lo cual como es obvio conduce a altos costos de lubricación, de mantenimiento y a baja confiabilidad de los equipos rotativos. Mediante la aplicación de la Tribología estamos de por si al alcance de llegar al diseño por fatiga de la maquinas e incluso que en algunos casos estos puedan ser superados. Para obtener estos resultados debemos interactuar con otras ciencias y ramas del mantenimiento proactivo y preventivo, entonces nos dirigiremos hacia una Tribología Productiva que involucrara como pilares fundamentales:

EL CONTROL DE LA FRICCIÓN Y LA REDUCCIÓN DEL DESGASTE

La aplicación de la Tribología debe conducir a reducir al máximo la fricción sólida, fluida y elastohidrodinámica (EHL) y a evitar que se presente la fricción metal - metal; si se controla la fricción será posible reducir los diferentes tipos de desgaste que se pueden presentar en un mecanismo permitiendo que éste alcance su vida a la fatiga e inclusive la incremente. El mantenimiento proactivo mediante un buen programa vibraciones y de balanceo, conjuntamente el uso de lubricantes de buena calidad asegurase la preservación de nuestros activos.

El desgaste en sus distintas formas es sinónimo de improductividad y se define como la pérdida de material entre dos superficies que se encuentran en movimiento relativo y que se manifiesta por un funcionamiento errático apenas perceptible, siendo necesario en la mayoría de los casos sacar de servicio el equipo del cual hacen parte fundamental. Las causas del desgaste siempre pueden ser determinadas a partir de la implementación de programas de mantenimiento proactivo efectivos. Esto con seguridad no retornara una satisfacción profesional y económica en adelante.

5. EL AHORRO DE ENERGÍA.

Cualquier sustancia que se utilice como lubricante reduce la fricción en algún grado y por lo tanto el esfuerzo para mover los diferentes mecanismos de una máquina, sin embargo, al aplicar la Tribología la filosofía debe ser la de utilizar lubricantes con los coeficientes de fricción lo más bajos posibles de tal manera que el consumo de energía sea mínimo. Quizá más importante aún es la calidad de los mismos pues a partir de una mejor calidad existirá más cuidado a equipos y maquinaria, no podemos esperar un máximo ahorro energético a partir de lubricantes de baja calidad.

Es muy importante pues a la hora de adquirir un nuevo lubricante conocer sus especificaciones técnicas y la base a partir de la cual fue hecho. El proceso por el cual son fabricados es otro punto a tomar en cuenta, pues esto determinará la estabilidad en el tiempo de trabajo al cual será sometido.

Sin conocer estas características no es posible implementar programas de ahorro energético mediante un control de la fricción.

6. LA CONSERVACIÓN DEL MEDIO AMBIENTE Y LA PRESERVACIÓN DE LOS RECURSOS NO RENOVABLES

En la lubricación de los mecanismos de una máquina se debe tener siempre presente la conservación del medio ambiente y la preservación de los recursos no renovables como el petróleo, por lo tanto, debemos racionalizar el consumo de lubricantes.

Recordemos que al utilizar lubricantes derivados del petróleo estos se oxidan y dan lugar a la formación de peróxidos y ácido sulfúrico, lo que hace que estos lubricantes sean altamente tóxicos y no biodegradables, conllevando a un envenenamiento paulatino de la tierra y el medio ambiente.

Por otro lado, el petróleo al ser un recurso no renovable las reservas mundiales de este vital elemento se reducen debido a la utilización de sus derivados (lubricantes) cada vez mayor y sin medida tanto de máquinas industriales como automotrices. La opción más satisfactoria en la actualidad es utilizar lubricantes de mayor calidad como los semisintenticos y sintéticos que, aunque en su mayoría son derivados del petróleo permite prolongados períodos de utilización con lo cual se reduce el volumen de aceite desechado al ambiente, son menos tóxicos y más biodegradables. Establezcamos todos que ya no podemos seguir pensando ni actuando como lo hacíamos antes, hay que empezar a pensar de forma proactiva, para nuestra región y para nuestro país.

Conclusión

Es claro que las sociedades necesitan de su entorno ambiental para su existencia, pero esta jamás de comprometer nuestro planeta. Aquí es donde radica la importancia de la aplicación de la tribología, como hemos visto la eficiente aplicación, genera grandes ahorros energéticos y por ende económicos que se traducen en beneficios sociales.

Para lograr verosímil necesitamos una planificación con función técnica (con sesgo positivista y racionalista) debe tener un enfoque socio-Ecológico para mitigar la brecha entre el rápido desarrollo tecnológico y económico, lo que debe apostar por el incremento de la entropía social del propio sistema.

Esto establece la necesidad de un nuevo tipo de planificación: Sustentable o ambiental según unos, Ecológica, Espacial, Estratégica, entre otros.

"El nuevo modelo de planificación debe buscar acercar el conocimiento a la acción, es decir sin olvidarnos del futuro hacer énfasis en los procesos actuales. Este nuevo modelo debe ser entonces normativo, innovador, político, negociador y basado en el aprendizaje social". (Friedman, J. 1992).

Esta planificación Ambiental puede ser concebida como:

"El instrumento dirigido a planear y programar el uso del territorio, las actividades productivas, la organización de los asentamientos humanos y el desarrollo de la sociedad, en congruencia con el potencial natural de la tierra, el aprovechamiento sustentable de los recursos naturales y humanos y la protección y calidad del medio ambiente" (Salinas, E. 1991, 1994 y 1997).

La planificación ambiental busca organizar las actividades socio-económicas en el espacio, respetando sus funciones ecológicas de forma que se promueva la sustentabilidad ambiental y el desarrollo sustentable (Instituto Brasileiro do meio ambiente e dos recursos naturais renováveis - Ibama, 1995).

Esta concepción sistémica de la planificación ambiental plantea que no puede existir un equilibrio ecológico a largo plazo junto con situaciones socio-económicas críticas como son: la pobreza, la desnutrición, el analfabetismo, etc.; así como no es posible un desarrollo socio-económico sin que este se adecue a la disponibilidad y renovación de los recursos naturales por un lado (el llamado capital natural por algunos autores) y al desarrollo de las fuerzas productivas por el otro.

La incorporación de la sustentabilidad en el proceso productivo y social, depende de que alcancemos en el entorno del paisaje una eficiencia energética, utilicemos tecnologías más apropiadas, logremos la equidad social, el ajuste del crecimiento a los potenciales y recursos naturales disponibles y la adaptación y responsabilidad en la toma de decisiones. Además, debemos lograr un equilibrio en las características intrínsecas del paisaje como soporte Geo-ecológico y socio-cultural de la sustentabilidad.

Esto nos permitirá alcanzar la concepción de paisaje sostenible visto como "un lugar donde las comunidades humanas, el uso de los recursos y la capacidad de carga se pueden mantener a perpetuidad" (Mateo J. 1997).

El reto es pues para las generaciones futuras, que, desde la Investigación y desarrollo y la Tecnología e Innovación, búsquenos los puntos de encuentros para mantener el equilibrio socio ambiental, donde las partes (Sociedades, Ecosistemas, planeta, seres vivos entre otros) mantengan la sinergia para su existencia y longevidad.

BIBLIOGRAFIAS

Díaz del Castillo Rodríguez, Felipe. (2007) "Tribología: fricción, desgaste y lubricación". Facultad de estudios superiores Cuautitlán, México.

Friedmann, Jhon (1992) "Empowerment: The Politics of Alternative Development" primera edición (1990). Editora Blackwell Publishers. Dublin, Irlanda.

Girón, Alicia (coord.) (2014). "Trilogía: Cómo sembrar el desarrollo en América Latina, Colección de Libros Problemas del Desarrollo". Instituto de Investigaciones Económicas-UNAM México.

Guillermo Morales, Castañeda "La tribología aplicada a los motores de combustión interna", Ingeniero Mecánico Electricista. Universidad de Veracruz Región Xalapa, Mexico. (2013).

Martínez Chávez, Francisco (2002). "La tribología, Ciencia y técnica para el mantenimiento". Editora Limusa S.A. Segunda edición DF México 2002.

Torres, Manuel Vite; Figueroa Guadarrama, Marco Antonio; García Bustos, Ernesto David; Gallardo Hernández, Ezequiel Alberto. "Desarrollo del sistema automatizado para realizar ensayos tribológicos, basado en la técnica de cuatro bolas". SINNCO (2010).

Salinas Chávez, Eduardo (2005). El Desarrollo Sustentable Desde la Ecología del Paisaje. Extraído de http://www.gobernabilidad.cl/modules.php?name=News &file=article&sid=796. 18 páginas. DF México.

Vargas, Ernesto (2003). "La Tribología, su Importancia en el Desarrollo Industrial de Bolivia", Santa Cruz Bolivia.

Referencias WEB.

http://www.eumed.net

The practical handbook of machinery lubrication. Leugner. NORIA Publishing. (2000)

ONU, Op. Cit. pp 290-293 (2013).

Ruth Alonso (2012). http://www.netquest.com

Output científico de países de Iberoamérica según el informe de Scimago (2011).
http://www.ibama.gov.br/

ACERCA DEL AUTOR

Ingeniero en Geociencias, especialista en Gerencia de operaciones y producción, Especialista en Seguridad y salud ocupacional. Latinoamericano nacido 19 de marzo de 1978. Desde el inicio de la carrera profesional la preocupación por coadyuvar en el uso de la tecnología verde crece día a día, a través de la experiencia profesional creó una visión y preocupación por los recursos naturales no renovables, entendiendo que son necesarios para el desarrollo de nuestras sociedades, pero es necesario el uso de la de la mejor manera posible. El futuro está en nuestras manos.